Fiche **philosophe**

Par Peggy Saule

Durkheim

LePetitPhilosophe.fr

DURKHEIM

PHILOSOPHE FRANÇAIS ET PÈRE DE LA SOCIOLOGIE

- **Né en 1858 à Épinal**
- **Décédé en 1917 à Fontainebleau**
- **Quelques-unes de ses œuvres :**
  - *De la division du travail social* (1893)
  - *Règles de la méthode sociologique* (1894)
  - *Le Suicide, étude de sociologie* (1897)

L'œuvre d'Émile Durkheim est le **témoin d'une époque effervescente et tumultueuse** aussi bien d'un point de vue économique que social ou politique. À la **fin du XIXe siècle**, un monde nouveau est en marche et Durkheim y participe activement. Plus précisément, il s'intéresse à des questions telles que : qu'est-ce qu'une société ? Quelles relations existe-t-il entre l'individu et le groupe ? Quels sont les fondements d'une société juste et pacifique ?, etc. Il inaugure ainsi **la sociologie**, une discipline qui **étudie les phénomènes sociaux**. Il considère qu'il s'agit de la science humaine par excellence et la promulgue en tant que **discipline scientifique**.

Durkheim reproche à la philosophie d'être trop théorique et de ne pas donner de réponses pratiques aux inégalités et aux injustices sociales. Avec la sociologie, il propose des **solutions concrètes et rapides aux problèmes sociaux**. Cette discipline sera reprise et développée ultérieurement (notamment par Marcel Mauss, son neveu et disciple), et ouvrira le chemin d'une science de l'homme dans son sens le plus large : **l'anthropologie**.

BIOGRAPHIE

JEUNESSE ET FORMATION

Émile Durkheim est **né en 1858** à Épinal, dans les Vosges, dans une **famille juive pratiquante** : son père est rabbin et descendant de rabbins depuis huit générations. Sa mère est quant à elle issue d'une famille de marchands de bestiaux. Il est le dernier des cinq enfants du couple.

Alors qu'il est encore enfant, le destin du jeune Émile semble déjà tout tracé : il entame une **formation pour devenir rabbin**. Mais, fortement marqué par les troubles de la Commune (période insurrectionnelle à Paris de mars à mai 1871), Durkheim a le **sentiment qu'il a un rôle à jouer dans l'avenir de la société**. Dès l'adolescence, il abandonne alors la religion judaïque et fait le choix de **devenir ensei-gnant** pour transmettre les valeurs sociales de justice et d'égalité. Sa discipline sera **la philosophie**.

C'est un **élève brillant** : il obtient un bac ès lettres en 1874 et un bac ès sciences l'année suivante. Puis il s'inscrit en Khâgne et obtient le titre de maitre auxiliaire en 1878. Élève de l'**École normale supérieure** de Paris **de 1879 à 1882**, il fréquente dans sa promotion Henri Bergson (1859-1941) et Jean Jaurès (1859-1914). Le milieu dans lequel il évolue est propice aux questionnements philosophiques et à l'**enga-gement social et politique**. Ainsi, Durkheim s'implique beaucoup dans la vie estudiantine et s'illustre par ses qualités d'orateur dans les débats politiques. Très apprécié de ses professeurs, il se voit décerner le titre d'élève « le plus laborieux et le plus méritant de sa promotion ». Il obtient l'**agrégation de philosophie** en **1882**.

DE LA PHILOSOPHIE À LA SOCIOLOGIE

Son agrégation en poche, Durkheim est nommé **professeur de philosophie** au lycée de Sens. Alors qu'il aspire à rejoindre l'enseignement supérieur, une bourse d'étude lui permet, en **1886**, d'effectuer un **voyage en Allemagne**. Constatant que les universités allemandes développent un **enseignement en sciences sociales**, à son retour, il souhaite inclure cette discipline dans les universités françaises. Il obtient alors un poste de **chargé de cours à l'université de Bordeaux**, où il enseigne les sciences sociales et la pédagogie.

En **1890**, son neveu **Marcel Mauss** (1872-1950) le rejoint à Bordeaux pour étudier la philosophie et suivre ses cours. Rapidement s'instaure entre Durkheim et Mauss une **relation de maitre à disciple**. Par ailleurs, le succès de ses leçons encourage Durkheim à présenter sa thèse de doctorat, ***De la division du travail social***, à la Sorbonne en **1893**. Cela restera son ouvrage de référence. La légitimité du penseur s'accroit au sein du milieu universitaire et il devient **spécialiste des sciences sociales**. Il publie alors, en **1894**, ***Règles de la méthode sociologique***. Son épouse, Louise, avec qui il aura deux enfants, est totalement dévouée à la réussite professionnelle de son mari.

LA RECONNAISSANCE DE LA SOCIOLOGIE

En **1896**, Durkheim est nommé professeur titulaire et on lui attribue la **chaire en sciences sociales** nouvellement créée. Il entreprend à cette époque des recherches sur le suicide et demande à Marcel Mauss d'être son assistant. Celui-ci est chargé des recherches documentaires et des collectes de données statistiques. En **1897**, il publie *Le Suicide, étude de sociologie* ; la même année, la **première revue scientifique dédiée à la sociologie**, *L'Année sociologique*, est créée. C'est tout naturellement que Durkheim en prend la direction éditoriale. Le but de la revue est d'inciter les sociologues à s'ouvrir au monde et à le questionner au moyen de concepts et d'outils méthodologiques (les statistiques) afin d'éclairer la réalité sociale.

Si l'implication de Durkheim au sein de l'université de Bordeaux est incontestable, il n'en oublie pas moins son engagement politique. En **1898**, le sociologue s'engage aux côtés d'Émile Zola (1840-1902) dans **l'affaire Dreyfus**. Il devient également secrétaire de la section bordelaise de la **Ligue de défense des droits de l'homme**. Ses prises de positions **contre l'antisémitisme** lui vaudront d'ailleurs les foudres des nationalistes.

En **1902**, on lui propose une **chaire de science de l'éducation à la Sorbonne**. Durkheim est dans un premier temps réticent car il ne s'agit toujours pas d'une chaire en sociologie, mais il accepte et oriente ses cours vers la sociologie. Parallèlement, il poursuit ses travaux de sociologue et publie, en **1912**, *Les Formes élémentaires de la vie religieuse*. Son ambition de faire reconnaitre la sociologie comme discipline scientifique est finalement atteinte en **1913**, année où on transforme sa chaire en **chaire de sociologie et**

sciences de l'éducation. C'est, pour Durkheim, la **première reconnaissance officielle de la sociologie positive** (c'est-à-dire scientifique) au sein du milieu universitaire français : il s'agit d'une véritable consécration pour le sociologue.

La fin de son existence est marquée par divers **tourments personnels**. Il se brouille avec Marcel Mauss à cause de la vie privée tumultueuse du jeune homme. Ensuite, en 1914, lorsqu'éclate la Première Guerre mondiale, son fils André est blessé sur le front et meurt des suites de ses blessures. Enfin, sa santé se dégrade et, bien qu'il parte en cure, il reste très fragile. Le médecin lui recommande alors de ralentir son activité intellectuelle et Durkheim s'écarte de la vie universitaire. Il décède à l'âge de cinquante-neuf ans, en 1917.

CONTEXTE PHILOSOPHIQUE

UNE PÉRIODE DE MUTATIONS SOCIOPOLITIQUES

Ce n'est pas un hasard si la sociologie connait un tel essor en France au XIXe siècle. Pendant des siècles, la monarchie française a fait régner un ordre politique stable, mais la Révolution de 1789 a détruit cet ordre sans parvenir à le remplacer par des fondements durables. Par conséquent, la France connait au **XIXe** siècle une **crise politique, sociale et intellectuelle** profonde qui engendre de nombreuses mutations.

Finalement, en **1870**, après des luttes sanglantes entre républicains et royalistes, **la IIIe République** est proclamée et subsistera jusqu'en 1940. Elle doit cependant faire face à une révolte de la population ouvrière, **la Commune**, de mars à mai **1971** : celle-ci est durement réprimée lors de la « semaine sanglante », du 21 au 28 mai 1871, qui fait plus de 30 000 morts.

D'un point de vue économique, **la France se relève rapidement**. Les banques françaises prospèrent, l'industrie se développe et les ouvriers trouvent du travail. À tel point que la réussite française fait l'admiration des autres pays du monde. L'exposition universelle de 1878 à Paris en est alors la vitrine.

De 1879 à 1885, **Jules Ferry** (1832-1893) est nommé Ministre de l'Instruction publique et des Beaux-Arts, puis Président du Conseil. Sous son impulsion, **l'instruction en France devient un idéal collectif**. L'éducation est le symbole des idées d'égalité et de justice que la IIIe République veut incarner. Mais les débats sur la laïcité de l'éducation sont houleux car scientifiques et religieux s'affrontent sur les théories de la création. Durkheim participe activement à ces discussions cruciales.

L'INFLUENCE DE LA PHILOSOPHIE KANTIENNE

Même si Durkheim considère que la philosophie est insuffisante à comprendre et à résoudre les questions sociales, il est très influencé par **la philosophie morale d'Emmanuel Kant** (1724-1804).

Celle-ci s'interroge sur **les conditions de possibilité de la morale** : quand considère-t-on les actions des hommes comme morales ? À quels principes doit-on obéir pour que notre action soit morale ? En d'autres termes, Kant ne cherche pas à fonder une morale, mais à fixer les conditions de possibilité de la moralité.

Selon lui, **la moralité est garantie lorsque l'on respecte la loi morale ou impératif catégorique**. Il s'agit d'un **principe universel**, c'est-à-dire valable pour tous les hommes dans toutes les circonstances, **et rationnel**, c'est-à-dire qui nous est donné par la raison, instrument dont disposent tous les êtres humains. L'impératif catégorique prend ainsi la forme d'un commandement que l'homme se donne à lui-même et qui est valable pour tous les hommes. Ce n'est qu'à cette condition que l'individu peut, selon Kant, surmonter sa sauvagerie originelle et accéder à la paix et à la justice.

Durkheim se désolidarise de Kant quant au contenu de l'impératif catégorique : si, pour Kant, il est invariable et universel, pour Durkheim, les principes moraux sont variables et doivent nécessairement s'accorder avec les exigences fonctionnelles d'une société. Plus précisément, pour le sociologue, **l'individu agit en fonction des représentations collectives, qui constituent les règles de conduite d'une société donnée**.

Ainsi, même si les représentations collectives de Durkheim fonctionnent de la même façon que l'impératif catégorique de Kant (pour Kant la cohérence et l'ordre social dépendent du respect de l'impératif catégorique, tandis que pour Durkheim, ils dépendent du respect des représentations collectives), Durkheim défend l'idée d'une société mouvante dont les lois diffèrent ou évoluent d'un groupe social à un autre.

LE POSITIVISME ET LA NAISSANCE DE LA SOCIOLOGIE MODERNE

Par ailleurs, Durkheim a été marqué par la philosophie positive d'Auguste Comte (1798-1857) qui consiste à dire que toute connaissance repose sur des données scientifiques.

Comte explique l'évolution de l'homme par la loi des trois états : l'homme, pour rendre compte du monde qui l'entoure, a d'abord avancé des raisons théologiques (par exemple : c'est Dieu qui a créé l'homme), puis une version métaphysique (par exemple : l'homme est l'être nécessaire et absolu du monde) et, enfin, une cause scientifique (par exemple : l'homme est le résultat de l'évolution des espèces). Ainsi, pour le philosophe, l'esprit scientifique correspond au développement le plus mature de l'esprit humain. Pour accéder à la connaissance véritable, le scientifique se détourne de l'explication métaphysique et s'appuie uniquement sur des faits réels à partir desquels il formule des lois de la nature et dégage, par une méthode faite d'observations et d'expériences répétées, les relations qui unissent les phénomènes entre eux.

Comte **subdivise les sciences en six disciplines**, lesquelles forment ensemble le système achevé et unifié de la connaissance : les mathématiques, l'astronomie, la physique, la chimie, la biologie et la sociologie. Le philosophe classe les sciences des mathématiques à la sociologie selon un ordre qui va de la plus simple (discipline unique) à la plus complexe (discipline polymorphe) et de la plus abstraite à la plus concrète. Par ailleurs, cet ordre correspond à l'ordre historique de l'apparition des sciences positives. **Comte**, le premier, entend donc **intégrer la sociologie dans le cadre scientifique**. Mais c'est **Durkheim** qui attribuera à la sociologie **une dimension et une méthodologie véritablement scientifiques**. En effet, en voulant intégrer la sociologie aux enseignements scientifiques universitaires, celui-ci se trouve dans l'obligation de définir de manière stricte les règles de la méthode sociologique. Car ce n'est qu'en proposant une méthode rigoureuse indiscutable, comparable à celle des sciences exactes, que la sociologie pourra s'élever au rang de science.

En considérant la sociologie comme une science, Durkheim ouvre le chemin de l'étude des sociétés et des cultures. **Marcel Mauss** poursuivra et développera les travaux de son oncle en **élargissant les sciences de l'homme à l'anthropologie** (qui regroupe et met en relation plusieurs disciplines : la philosophie, la psychologie, la sociologie et l'ethnologie). Pour Mauss, l'étude de l'homme ne se réduit pas à l'étude des faits sociaux, mais consiste à évaluer l'être humain dans sa globalité. Durkheim, considéré comme le père de la sociologie, n'en est pas moins le passeur entre la philosophie et l'anthropologie.

PENSÉE ET APPORT

LA MÉTHODE SOCIOLOGIQUE

Le fait social considéré comme une chose

L'objet d'étude de la sociologie est le fait social. Celui-ci se définit comme ce qui, dans une collectivité, demeure commun à tous les hommes malgré les différences individuelles.

Pour étudier de manière scientifique le fait social, il est nécessaire de le mettre sur le même plan que n'importe quel autre objet de recherche scientifique et donc d'identifier ses causes et ses fins. L'idée de départ de Durkheim est alors de **considérer tout fait social comme une chose** (citation 1), c'est-à-dire comme une réalité qu'il s'agit d'observer de l'extérieur, dont on ne connait pas la nature à priori (en dehors de l'expérience), que l'on ne saisit pas de manière immédiate.

Pour illustrer son propos, le philosophe établit une **analogie entre la société et un organisme vivant** :

- le corps humain est un système qui possède des fonctions et des besoins vitaux, et son organisation permet la vie et le développement ;
- de manière parallèle, la société est un système avec des fonctions et des besoins sociaux, et son organisation permet la cohésion sociale.

Pour Durkheim, l'étude des phénomènes sociaux s'appréhende de la même manière que le corps en biologie. Reste au sociologue à montrer le chemin de l'expérimentation scientifique de la sociologie.

L'adoption d'une posture objective

Pour connaitre et comprendre les faits sociaux de manière scientifique, il est nécessaire, selon Durkheim, de **se tenir à l'écart de toute interprétation et de tout jugement de valeur**. La science se doit en effet de produire un savoir qui énonce ce qui est, indépendamment de toute opinion subjective. Par conséquent, pour que la sociologie soit reconnue comme une science, le sociologue, comme n'importe quel scientifique, doit **adopter une posture objective** en se débarrassant de ce que Durkheim nomme les prénotions, c'est-à-dire les préjugés.

Le rejet de la démarche expérimentale

Suite aux progrès fulgurants des sciences au XIXe siècle, on voit se développer **la démarche expérimentale**, rapidement adoptée par toutes les sciences, dont le but est **l'élaboration de lois scientifiques qui déterminent de manière constante les relations entre les phénomènes**. La méthode expérimentale consiste généralement en quatre étapes :

- l'observation des faits ;
- la formulation d'hypothèses ;
- la vérification des hypothèses par le biais d'expériences ;
- la synthèse théorique.

Toutefois, pour **Durkheim**, cette méthode ne peut s'appliquer à la sociologie : la démarche expérimentale consiste en l'élaboration de principes immuables et universels. Or comment parvenir à dégager des lois immuables et universelles qui régissent les faits sociaux ? Il faut donc **inventer une nouvelle méthode scientifique qui puisse prendre en compte le caractère variable et évolutif des faits sociaux**.

La méthode statistique et la méthode symbolique

L'adhésion de la communauté scientifique étant indispensable à la reconnaissance de la sociologie en tant que science, il est nécessaire :

- non seulement de trouver une méthode d'une grande rigueur intellectuelle ;
- mais aussi de proposer une expérimentation pratique capable de fournir des preuves et donc de produire un savoir véritable.

Dès lors, **le sociologue remplace la démarche expérimentale par le raisonnement expérimental**, lui aussi composé de quatre étapes :

- la définition de l'objet d'étude ;
- la classification de l'objet ;
- l'explication ;
- la preuve.

Plus précisément, Durkheim utilise la méthode de la comparaison : le fait social est étudié en fonction des autres faits sociaux, avec lesquels il est comparé. En fonction de l'objet d'étude choisi, cette méthode se décline de deux manières :

- **la méthode statistique** est la méthode sociologique par excellence. Elle consiste à collecter, analyser et interpréter des données d'observation relatives à un groupe d'individus à propos d'un fait social particulier. Il s'agit de **définir des données communes à un groupe à partir du recueil d'informations sur un échantillon du groupe**. Cette méthode est comparable à un filtre qui laisse passer les différences individuelles et ne retient que les aspects collectifs du phénomène social étudié. Autrement dit, la statistique laisse de côté les aspects particuliers du fait social observé ;
- **la méthode symbolique** consiste quant à elle à **analyser les symboles de la société**. Pour le sociologue, toute société dispose d'emblèmes représentatifs ou totems (êtres ou choses considérés comme des emblèmes) : ceux-ci manifestent sous une forme sensible les forces irreprésentables et imaginatives issues de la constitution

du groupe social. Or pour comprendre une société donnée et ses mécanismes, il faut observer et comprendre les symboles qui la représentent.

LA CONSCIENCE COLLECTIVE AU FONDEMENT DE LA SOCIOLOGIE

La conscience collective

La conscience collective est, selon Durkheim, le fondement même de la sociologie dans le sens où elle est la condition d'existence de chaque société. Il s'agit d'**un bien commun aux membres d'une société constituée de valeurs, de règles, de traditions et de représentations collectives** (citation 2). Cet héritage, transmis par les coutumes ou par l'éducation, constitue :

- d'une part, un refuge pour l'individu qui connait et reconnait les usages de la société à laquelle il appartient ;
- d'autre part, une contrainte imposée à sa conscience individuelle. L'individu doit en effet se plier aux manières de penser et d'agir de la collectivité à laquelle il appartient pour y être intégré.

La conscience collective est extérieure aux individus. Cependant, au cours du processus d'éducation et de socialisation, chacun intériorise et s'approprie les valeurs communes. La conscience collective est **une puissance supérieure et autonome** qui s'exerce sur les individus :

- supérieure, car elle est supérieure à la somme des consciences individuelles, les englobe et fait autorité sur elles ;

- autonome, car elle n'a pas besoin de telle ou telle conscience particulière pour exister. En revanche, un individu, pour exister à l'intérieur du groupe social, doit nécessairement intégrer les idées, les représentations et les usages du groupe.

La question que se pose Durkheim est celle de la permanence et de l'évolution de la conscience collective : **qui peut être le garant de la conscience collective ?** Et que se passe-t-il lorsqu'elle est défaillante ? Pour le sociologue, la conscience collective est **préservée par trois niveaux de régulation** (lesquels entrent parfois en contradiction les uns avec les autres) :

- **l'État**, et plus précisément le droit pénal, qui réagit par le biais d'une sanction lorsqu'un acte menace son équilibre (autrement dit lorsqu'un acte va à l'encontre de la conscience collective) ;
- **la philosophie**, qui rappelle aux hommes les lois morales qu'ils se sont fixées ;
- **la religion**, qui créée des croyances unissant ceux qui y adhèrent en une même communauté spirituelle.

Les représentations collectives

Les représentations collectives composent la conscience collective : ce sont **les opinions communes, les croyances, les concepts, les catégories ou encore les idées partagées par tous les hommes**. Toutes ces représentations ont un plus ou moins grand degré de clarté et certaines sont fausses, confuses ou changeantes, alors que d'autres sont vraies et ancestrales. Mais à elles toutes, elles constituent **l'élément le plus persistant de la conscience collective**.

Selon Durkheim, **le langage est une représentation collective**. Davantage encore, il est **la condition première de l'interaction sociale**. Les idées et les concepts existent par et pour la communication des individus entre eux. Le langage a une double fonction :

- structurer les représentations individuelles ;
- concevoir un monde commun avec des idées stables et partagées.

La spécificité des **représentations collectives** tient à ce que bien qu'étant collectives, elles sont **logées dans la conscience individuelle de chacun** (parfois de manière inconsciente). Les représentations collectives **forment un idéal collectif** qui ne peut exister que s'il est commun à tous les individus appartenant au même groupe social. Lorsqu'ils s'associent au sein d'une communauté, les hommes ne font pas que réunir leurs compétences, ils créent un monde idéal : non pas un monde utopique, mais un monde qui repose sur des idées et des valeurs. L'élaboration de valeurs communes extirpe alors les individus de leurs préoccupations particulières et les conduit vers la concrétisation d'un véritable projet sociétal (<u>citation 3</u>).

Le déterminisme social

La vie sociale est comme un courant ou le flux d'une rivière : elle véhicule des valeurs et des règles auxquelles l'individu doit se conformer. L'homme, pris dans le courant, se laisse emporter sans résister et se laisse submerger par lui. Ainsi, c'est au prix du sacrifice de ses libertés individuelles qu'il s'intègre à la société.

On a reproché à Durkheim un certain **déterminisme social** selon lequel l'individu serait « télécommandé » par les actions collectives. À cela Durkheim a répondu que tout individu possède une marge de manœuvre : il peut résister au courant et affirmer ses libertés individuelles tant que ses actions ne mettent pas en péril l'équilibre social. Bien plus, selon lui, **la contrainte sociale est la condition de possibilité de toute résistance et donc d'émancipation individuelle**. Autrement dit, la contrainte sociale force l'individu à se dépasser et à se libérer (citation 4).

LA SOLIDARITÉ SOCIALE

Durkheim applique la méthode sociologique à trois faits sociaux en particulier :

- **la division du travail social ;**
- **le suicide ;**
- **la religion.**

Or ces trois faits sociaux ne sont pas pris au hasard et ne sont **pas de simples domaines d'application de sa méthode**. N'oublions pas que Durkheim est de formation philosophique : il a l'ambition que ses études et analyses aboutissent à **une vision globale de la société et de l'individu**. Son travail ne consiste donc pas seulement à établir des grilles de comparaison et des statistiques. En réalité, il se situe dans le prolongement de la philosophie morale et politique, et pose les fondements d'une société juste. C'est aussi en cela qu'il a fait de la sociologie une discipline scientifique et universitaire, car elle est à l'origine d'une véritable pensée sur l'homme social.

L'individu, une production sociale

Depuis Thomas Hobbes (1588-1679), puis Jean-Jacques Rousseau (1712-1778), on considère que l'individu précède la société : c'est parce que les hommes décident de s'unir et de conclure un contrat social que les sociétés voient le jour. Or pour Durkheim, c'est l'inverse : ce n'est pas l'individu qui crée les sociétés, car **l'individu est le résultat de l'évolution sociale**. Il s'agit d'un point de vue holiste.

BON À SAVOIR

En sociologie, **l'holisme** consiste à valoriser la société dans sa globalité (*holon*, en grec) et à y subordonner l'individu. L'individu est une production sociale, il

Selon le sociologue, dans les sociétés primitives, les individus sont absorbés dans le courant collectif et ont pour seules différences individuelles des variations corporelles. Ce n'est que petit à petit, **avec la division du travail** (qui permet à chacun de montrer ses propres compétences), qu'**émerge l'individualité psychique**. Ainsi, l'individu (c'est-à-dire l'association d'une identité psychique et d'un corps) est le résultat d'un consensus social.

Mais comment admettre que l'individu, en tant que personne unique, provient de la société, c'est-à-dire du système le plus impersonnel qui soit ? S'il ne précède pas la société, il n'en est pas pour autant un simple composant. Bien plus qu'un simple membre de la société, l'individu est la seule fin collective de toute société. Autrement dit, **le but collectif de toute société est l'épanouissement personnel de l'individu au sein de la société**. C'est ce que Durkheim appelle « l'individualisme collectif ».

En ce sens, Durkheim développe **le culte de l'individu** au sein même de la société et en fait un idéal collectif. Par culte de l'individu, il n'entend pas culte égoïste du bien-être et des intérêts privés, mais autonomie de la raison : la coopération sociale produit des idées nouvelles susceptibles d'enrichir et de faire évoluer l'individu.

La division du travail social

Comme le montre Durkheim dans *De la division du travail*

social, **la société moderne est fondée** sur la coopération entre les hommes, plus précisément **sur le partage des tâches en fonction des caractéristiques et des compétences individuelles**. La division du travail est un fait social qui suppose :

- le développement des compétences individuelles. C'est ce qu'on appelle le processus de différenciation, par lequel chaque individu accède à sa propre individualité ;
- l'interdépendance des fonctions sociales, c'est-à-dire que chaque corps de métier repose sur l'échange et la réciprocité, dépend des autres corps de métier. La défaillance des uns implique une désorganisation générale ;
- l'organisation structurelle de la société, soit l'organisation des différentes fonctions et des compétences individuelles. C'est ce qui assure la cohésion et la solidarité sociales.

Ainsi, chaque individu est un membre nécessaire et indispensable à la cohésion du groupe. Cependant, cela comporte un risque : **la hiérarchie des individus entre eux pourrait compromettre la solidarité sociale**. Pour Durkheim, ce risque doit être évité par la légitimation des droits de l'homme.

L'anomie

Lorsque la solidarité sociale est fragilisée, on se retrouve devant un autre fait social : l'anomie. Il s'agit d'un **fait social pathologique** (citation 5).

Durkheim étudie en particulier **le cas du suicide**. Observant le rapport entre le pourcentage des suicidés et leur état civil, leur religion, leur mode de vie, etc., Durkheim constate que les célibataires se suicident en moyenne plus que les hommes mariés et les hommes mariés sans enfants plus que les pères de famille. Les protestants se suicident plus que les catholiques et les catholiques plus que les juifs. Il découvre alors que le suicide ne correspond pas nécessairement à des passions tristes et individuelles, mais qu'**il est lié à la stabilité des institutions sociales**.

La société a pour fonction la régulation et l'intégration sociales en diffusant des règles et des valeurs qui servent de cadre de référence aux individus. Lorsqu'elle assure efficacement cette fonction, les individus ont des repères bien établis, ce qui limite les pathologies sociales. Ainsi, dans les sociétés saines et équilibrées, le taux de suicide est relativement faible. Par contre, lorsque l'ordre social est perturbé (anomie : du grec *anomia*, « le désordre »), par exemple en temps de crise (sociale, politique ou économique), le taux de suicide augmente. Une société fragilisée ne remplit plus sa mission de régulation et d'intégration : cela provoque un affaiblissement des repères et laisse le champ libre à l'incohérence et à la dangerosité des actes particuliers.

LA SOCIOLOGIE MORALE

La sociologie morale désigne **les règles de conduite et les pratiques morales communes** au sein du système social. Durkheim la distingue de la philosophie morale qui, selon lui, énonce ce qui doit être et non ce qui est.

On lui a reproché de réduire la sociologie morale à une

simple exploration des mœurs. Mais le sociologue de répondre que **la morale est à la fois un devoir et un idéal** qui découlent tous deux de l'idée du bien et visent le meilleur à la fois pour l'individu et pour la société. La sociologie morale est donc autant théorique que pratique.

Les croyances

Au même titre que le suicide ou le travail, **les croyances religieuses et magiques constituent un fait social** qui unit tous les membres d'une communauté. Durkheim tente donc, toujours selon la méthode sociologique, d'expliquer les causes et les effets de ce fait social, sans jamais y adjoindre la moindre opinion personnelle.

Ainsi, le sociologue dégage les caractéristiques essentielles et constantes du fait religieux :

- **c'est une chose sociale**, car il comprend des représentations collectives ;
- **c'est un système**, c'est-à-dire un ensemble de croyances, qui opère une **distinction entre les choses sacrées et les choses profanes** (citation 6). Par définition, est sacrée toute réalité (divinités, esprits, animaux, végétaux, objets) dans laquelle se manifeste une puissance jugée supérieure au monde profane (c'est-à-dire au monde humain) et que l'on ne peut approcher que par le biais de rites. Durkheim montre que c'est la société elle-même qui marque la limite entre sacré et profane. Autrement dit, c'est le jugement consenti d'une communauté qui décide de transformer tel objet profane en objet totémique. Ainsi, par exemple, le chat est sacré en Egypte,

mais chassé dans tel autre pays ;

- **il est constitué de rites**, c'est-à-dire de comportements et de pratiques qui accompagnent la croyance, mais surtout sans lesquels la croyance serait ineffective. Les rites reposent soit sur des interdictions et des tabous (rites négatifs), soit sur des manifestations festives (rites positifs). Quoi qu'il en soit, ils visent toujours à signifier l'identité du groupe et à assurer sa cohésion.

Durkheim prend un risque en étudiant la religion comme un fait social majeur, à un moment où elle est inquiétée (séparation de l'Église et de l'État). Mais le sociologue veut montrer que l'on peut tout prendre pour objet d'étude sociologique tant que la méthode scientifique est respectée. Il démontre alors que **la religion a un rôle essentiel dans l'équilibre des sociétés**, car elle permet aux hommes de **créer de l'imaginaire et de développer leur esprit symbolique**, c'est-à-dire leur faculté à produire du sens.

contenir. Par conséquent, la religion ne peut agir sur le sacré dans la mesure où il est séparé du réel.

Dès lors, tandis que le magicien agit pour son propre compte et utilise des croyances communes à des fins personnelles, le prêtre agit pour la communauté, en vue d'unir les croyants par les mêmes représentations morales.

L'éducation

Durkheim s'est par ailleurs fortement engagé en faveur d'une école publique, laïque et gratuite. À ses yeux, l'éducation joue un rôle prépondérant. Il la considère comme :

- **un fait social** qui a pour fonction la socialisation des individus ;
- **un fait culturel** dont la forme varie selon les sociétés et les cultures. Il n'y a pas un modèle d'éducation qui serait considéré comme le meilleur.

Le **rôle de l'éducation** est de :

- **limiter les actions des hommes** tentés de laisser libre cours à leurs pulsions, désirs et instincts. L'individu doit apprendre à surmonter les frustrations qui en découlent pour ne pas sombrer dans des pathologies et dérives sociales ;
- **transmettre des habitudes de vie, des valeurs et des traditions** qui permettent aux hommes d'être reconnus et intégrés à la communauté ;

- **développer l'autonomie individuelle** au sein d'un milieu social codifié, puisque l'individu, en comprenant les valeurs morales, accroit sa capacité de résistance et donc augmente son libre arbitre ;
- **se faire le substitut laïc des valeurs morales religieuses** déclinantes.

Ainsi, l'éducation se fixe pour objectif de développer l'autonomie individuelle tout en transmettant des règles et des valeurs morales qui garantissent l'ordre, la cohérence et la solidarité sociale (<u>citation 7</u>).

EN RÉSUMÉ

Afin de **faire de la sociologie une science**, Durkheim met en place une méthode aussi rigoureuse qu'objective. Celle-ci se décline de deux manières : **la méthode statistique et la méthode symbolique**.

Selon le sociologue, **la conscience collective est le fondement de toute société** : c'est parce qu'ils partagent des règles, des traditions et des valeurs communes que les individus se réunissent. Les représentations collectives constituent l'élément le plus constant de la conscience collective. Elles forment l'idéal collectif de la communauté, mais elles ne peuvent exister que si elles sont incarnées dans chaque conscience individuelle.

Pour intégrer une société, **l'individu doit se soumettre à des règles communes**. Mais **chacun a la possibilité de résister** aux contraintes sociales tant que cela ne nuit pas à la collectivité. Dès lors, elles sont la condition de possibilité de l'affranchissement individuel.

Selon le sociologue, **l'individu est la finalité de la société** : l'organisation sociale ne fonctionne que si elle contribue au développement de l'autonomie individuelle. Celui-ci est rendu possible par **la coopération entre les hommes** qui caractérise la société moderne. En effet, on assiste à une répartition des tâches en fonction des compétences individuelles. Toutefois, lorsque la solidarité sociale est fragilisée, on observe des **faits sociaux pathologiques** que Durkheim appelle l'anomie. Le cas du suicide en est un bel exemple.

Enfin, l'étude de la religion permet à Durkheim de montrer que **les croyances jouent un rôle essentiel dans l'équilibre des sociétés**, de même que **l'éducation**. Le rôle de l'éducation est de développer l'autonomie individuelle tout en transmettant des règles et des valeurs morales.

Votre avis nous intéresse !
Laissez un commentaire sur le site de votre librairie en ligne
et partagez vos coups de cœur sur les réseaux sociaux !

POUR ALLER PLUS LOIN

- ARON (Raymond), *Les Étapes de la pensée sociologique*, Paris, Gallimard, 1982.
- BERTHELOT (Jean-Michel), *1895, Durkheim. L'avènement de la sociologie scientifique*, Toulouse, Presses Universitaires du Mirail, 1995.
- COMTE (Auguste*), Cours de philosophie positive*, Paris, Anthropos, 1969.
- DURKHEIM (Émile), *De la division du travail social*, Paris, PUF, 2013.
- DURKHEIM (Émile), *Éducation et Sociologie*, Paris, PUF, 2013.
- DURKHEIM (Émile), *Leçons de sociologie*, Paris, PUF, 2010.
- DURKHEIM (Émile), *Les Formes élémentaires de la vie religieuse*, Paris, PUF, 2013.
- DURKHEIM (Émile), *Les Règles de la méthode sociologique*, Paris, Flammarion, 2010.
- DURKHEIM (Émile), *Le Suicide*, Paris, PUF, 2013.
- DURKHEIM (Émile), *Sociologie et philosophie*, Paris, PUF, 2010.
- JUAN (Salvador), *Critique de la déraison évolutionniste. Animalisation de l'homme et processus de civilisation*, Paris, L'Harmattan, 2006.
- MAUSS (Marcel), *Sociologie et Anthropologie*, Paris, PUF, 1950.
- STEINER (Philippe), *La Sociologie de Durkheim*, Paris, La Découverte, 2005.
- TAROT (Camille), *De Durkheim à Mauss. L'invention du symbolique*, Paris, La Découverte, 1999.

TESTEZ VOS CONNAISSANCES !

ASSOCIEZ CHAQUE CITATION À L'EXPLICATION QUI LUI CORRESPOND

Citation 1 : « Les phénomènes sociaux sont des choses et doivent être traités comme des choses. » (*Les Règles de la méthode sociologique*, Paris, PUF, 2013)

Citation 2 : « L'ensemble des croyances et des sentiments communs à la moyenne des membres d'une société forme un système déterminé qui a sa vie propre : on peut l'appeler la conscience collective ou commune. » (*De la division du travail social*, Paris, PUF, 2013)

Citation 3 : « La société enlève l'individu à lui-même et elle l'entraîne dans un cercle de vie supérieure. Elle ne peut pas se constituer sans créer de l'idéal [...]. » (*Sociologie et philosophie*, Paris, PUF, 2010)

Citation 4 : « L'individu se soumet à la société et cette soumission est la condition de possibilité de sa libération. » (*Sociologie et philosophie*, Paris, PUF, 2010)

Citation 5 : « Si la division du travail ne produit pas la solidarité, c'est que les relations des organes ne sont pas réglementées, c'est qu'elles sont dans un état d'anomie. » (*De la division du travail social*, Paris, PUF, 2013)

Citation 6 : « Toutes les croyances religieuses connues [...] supposent une classification des choses, réelles ou idéales, que se représentent les hommes, en deux classes [...] que traduisent assez bien les mots de profane et de sacré. » (*Les Formes élémentaires de la vie religieuse*, Paris, PUF, 2013)

Citation 7 : « L'éducation a pour objet de superposer, à l'être individuel et asocial que nous sommes en naissant, un être entièrement nouveau. Elle doit nous amener à dépasser notre nature initiale : c'est à cette condition que l'enfant deviendra un homme. » (*Éducation et Sociologie*, Paris, PUF, 2013)

Explication a : le fait religieux se caractérise par la distinction entre le sacré et le profane.

Explication b : le rôle de l'éducation est de faire des individus des êtres sociaux qui respectent les règles de la société tout en étant autonomes.

Explication c : la conscience collective se définit comme un bien commun aux membres d'une société constituée de valeurs, de croyances et de règles.

Explication d : il s'agit de considérer les faits sociaux comme des choses, c'est-à-dire comme des réalités extérieures dont on ne connait pas à priori la nature.

Explication e : lorsqu'on constate un manque de solidarité sociale, c'est que la stabilité des institutions sociales est vacillante : c'est ce qu'on appelle l'anomie.

Explication f : la religion a un rôle primordial dans l'équilibre des sociétés, car elle permet aux hommes de créer de l'imaginaire et de développer leur capacité à faire sens.

Explication g : le langage est une représentation collective et, plus encore, il est la condition première de l'interaction entre les individus de la société.

Explication h : l'individu, en se soumettant aux règles de la société, devient capable de s'émanciper en résistant au courant dans lequel il est entrainé.

Explication i : le but collectif de toute société est l'épanouissement personnel de l'individu au sein de la société : c'est ce qu'on appelle l'« individualisme collectif ».

Explication j : grâce à l'élaboration de valeurs communes au sein d'une société, les hommes se détournent de leurs préoccupations individuelles et créent un monde supérieur idéal.

Rendez-vous sur lepetitphilosophe.fr et découvrez :

Plus de 1200 analyses
Claires et synthétiques
Téléchargeables en 30 secondes
À imprimer chez soi

ISBN version numérique : 978-2-8062-4936-4
ISBN version papier : 978-2-8080-0143-4
Dépôt légal : D/2017/12603/527

Conception numérique : Primento,
le partenaire numérique des éditeurs.

Made in the USA
Monee, IL
07 July 2026